Hannelore Schäl · Ulla Abdalla

Spielsachen aus Ton

Hannelore Schäl · Ulla Abdalla

Spielsachen aus Ton

Für Kinder ab 5 Jahren

Fotos und Illustrationen von Angela Wiesner

Otto Maier Ravensburg

3 4 5 91 90

© 1987 by Ravensburger Buchverlag Otto Maier GmbH
Alle Rechte, auch die des auszugsweisen Nachdrucks,
der fotomechanischen Wiedergabe und der Übersetzung,
vorbehalten.
Umschlagfoto und Umschlaggestaltung: Angela Wiesner
Redaktion: Gisela Walter
Printed in Italy
ISBN 3-473-37442-3

Inhalt

- 6 Ton ist ein Stückchen Erde
- 8 So geht es am besten
- 10 Brunnen
- 12 Schatzkästlein
- 14 Fingerpuppen
- 16 Der feuerspeiende Vulkan
- 18 Schneckentempo
- 20 Puppenherd
- 22 Murmelspiele
- 24 Pusterohre
- 26 Dreh mich
- 28 Kalender
- 30 Zirkus
- 32 Pferd und Wagen
- 34 Kressefeld
- 36 Wackelenten
- 38 Wasserburg
- 40 Rassel und Klangschiff
- 42 Im Wikingerdorf
- 44 Kartoffelofen
- 46 Elefanten
- 48 Auf und unter der Erde
- 50 Duftkugel
- 52 Kleiner Garten
- 54 Spritztiere
- 56 Murmelliesel
- 58 Stein auf Stein
- 60 Würstchengrill
- 62 Bärenhöhle

Ton ist ein Stückchen Erde

Es gibt verschiedene Tonarten

Ton besteht aus sehr fein zerkleinertem Gestein der Berge. Wasser und Wind haben viele Millionen Jahre hindurch die kleinen Gesteinsteilchen nach unten in die Täler getragen. Dort findet man heute die Tonlagerstätten, wo je nach Gesteinsart der Berge roter, schwarzer oder weißer Ton abgebaut wird.

Da bekommst du den Ton

Ton kannst du in Töpferläden und Bastelgeschäften kaufen.

⭐ Gartenton oder Lehm findest du fast überall in der Erde. Aus ihm kannst du Spielsachen formen, die nicht gebrannt werden.

⭐ Der gekaufte Ton ist meistens gut vorbereitet. Du kannst gleich damit beginnen, ihn zu formen.

Ton schlagen

Manchmal sind im Ton Luftblasen. Dann muß das Tonstück geschlagen werden. Wirf das Tonstück mehrere Male kräftig auf den Tisch. Dann forme wieder einen Block daraus.

Kann ich dir helfen?

Stücke vom Tonblock abschneiden

Lege eine feste Kordel um den Tonblock, überkreuze die Enden und ziehe kräftig daran. Verpacke den Rest des Tonblocks in einer Plastiktüte, damit er nicht austrocknet.

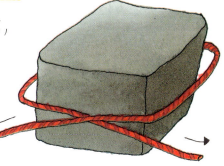

Das Formen mit Ton

⭐ Nur weicher, feuchter Ton läßt sich formen.
⭐ Trocknet Ton, schrumpft er ein wenig. Er wird hart. Das ist wichtig für die Murmelspiele, du mußt die Bahnen breit genug formen.

Wenn der Ton zu trocken ist

Tonreste oder zu trockenen Ton machst du mit Wasser wieder weich und knetest ihn kräftig durch.
Tips:

zu trockener Ton

Bohre Löcher in den Ton und fülle Wasser hinein. Nach einiger Zeit gut durchkneten.

harter Ton

Weiche ihn in Wasser ein.

zu feuchter Ton

An der Luft trocknen lassen und dann durchkneten.

Trocknen der geformten Spielsachen

Ton soll langsam trocknen. Decke deine Tonsachen mit Plastikfolie ab und lasse sie an einem kühlen Platz trocknen.
Kleine Tonteile brauchen eine Woche, große zwei Wochen.

Das Brennen

Die getrockneten Tonteile kannst du im Töpferofen brennen lassen. Solche Öfen gibt es in Töpferläden.

(Im Inhaltsverzeichnis kannst du an diesem Zeichen sehen, welche Tonteile gebrannt werden sollten.

7

So geht es am besten

Du brauchst: ein Holzbrett 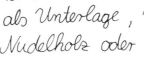 oder eine Plastiktüte  als Unterlage, Holzstückchen, ein Messer Nudelholz oder Glasflasche, Zeitungspapier

Teile zusammenhalten

Locker zusammengesetzte Tonteile fallen wieder auseinander, und zu dünn geformte Teile, wie Ohren, Arme und Beine, brechen leicht ab.

Nicht zu dünn formen.

⭐ Deshalb drücke die Teile erst fest an und verschmiere sie dann.

vorher mit Tonschlamm bestreichen, dann hält es noch besser.

fest an drücken

Tonschlamm

Ton und Wasser zu einem dünnen Brei verrühren.

Verschmieren

Verschmiere den Ton von einem Teil zum anderen.

Oder lege eine dünne Tonrolle an und verstreiche sie nach beiden Seiten.

Eine Tonrolle anlegen.

⭐ Du mußt die Tonteile immer ganz glatt streichen.

Tonteile, die dicker sind als 3 cm, platzen im Brennofen. Höhle dickere Teile aus oder bohre mit einer Stricknadel von unten mehrere Löcher ein.

Tonblock aushöhlen

Mit den Fingern oder einem Löffel Ton aus dem Klumpen herausnehmen. Gleichmäßige Wände von 1–2 cm sollen stehenbleiben.

 Hast du mal zu viel Ton weggenommen, schmiere neuen Ton wieder dazu.

Tonplatte ausrollen

Drücke einen Tonklumpen flach und rolle ihn mit dem Nudelholz gleichmäßig aus.

☆ Es geht auch gut mit einer Flasche.

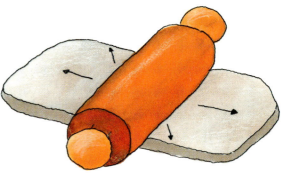

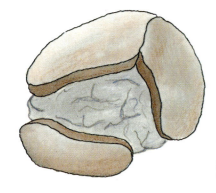

Tonkugel, die innen hohl ist

Klopfe kleine Tonklumpen mit der Faust flach. Lege zwei davon nebeneinander auf den Papierball. Verschmiere die Übergänge gut. So machst du weiter, bis der Papierball ganz umhüllt ist.

Ton anmalen

Wenn deine Tonspielsachen getrocknet oder gebrannt sind, kannst du sie mit Wasserfarben bunt anmalen.

★ Ein besonderer Tip: Lackiere deine bemalten Tonsachen mit „Tapetenhaut" aus dem Malergeschäft. Dann glänzen sie sehr schön und sind auch vor Wasser geschützt.

Brunnen

1. Forme aus einem großen Stück Ton den Brunnen. Höhle ihn aus.

Und wo ist das Wasser?

eine Delle eindrücken, so

Gut verschmieren

2. Befestige zwei dicke Tonrollen auf dem Brunnenrand.

3. Drücke mit dem Finger die Gabelung ein, hier wird nach dem Trocknen ein Ast aufgelegt.

Alles gut trocknen lassen und zum Brennen geben.

4. <u>Dann befestige am Ast</u> eine dünne Schnur und wickle sie auf. Knüpfe an das andere Ende der Schnur den Eimer.

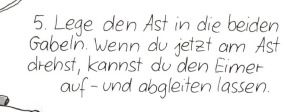

Wie geht denn ein Knoten?

5. Lege den Ast in die beiden Gabeln. Wenn du jetzt am Ast drehst, kannst du den Eimer auf- und abgleiten lassen.

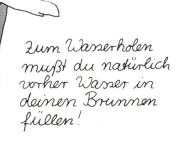

★ Den Eimer kannst du aus Ton selbermachen.

Zum Wasserholen mußt du natürlich vorher Wasser in deinen Brunnen füllen!

Ein Steinmuster ritzt du vor dem Brennen ein.

Schatzkästlein

1. Forme einen etwa 6 cm dicken Tonblock.

2. Schneide ihn in zwei Hälften. Das geht am besten mit einem festen Bindfaden. Lege ihn um den Block und überkreuze die Enden. Wenn du jetzt kräftig daran ziehst, teilt die Schnur den Tonklumpen in zwei Teile.

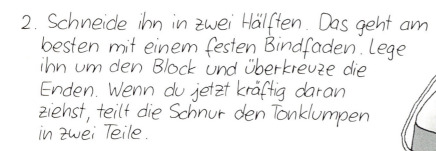

3. Höhle die beiden Hälften aus.

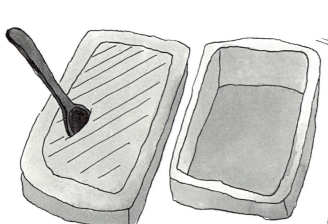

4. Lege deinen Geheimbrief oder einen Schatz, den niemand sehen darf, in die eine Hälfte.

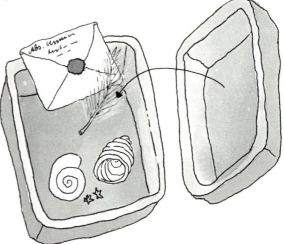

5. Dann setze die andere Hälfte darauf und verschließe die Kanten mit weichem Ton. Jetzt muß das Schatzkästlein trocknen.

★ <u>So wird das Schatzkästlein wieder geöffnet</u> ➔

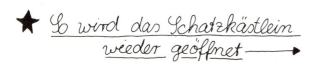

Hier anritzen und mit dem Hammer vorsichtig aufklopfen.

Fingerpuppen

So machst du den kleinen Tiger:

1. Spreize deine Finger ein wenig und drücke sie tief in eine Tonrolle. Vergrößere die Fingerlöcher etwas, weil der Ton beim Trocknen schrumpft.

2. Als <u>Kopf</u> setzt du einen Tonklumpen an, drückst mit zwei Fingern die <u>Ohren</u> heraus und ritzt das <u>Gesicht</u> ein. Die <u>Beine</u> kannst du seitlich am Körper befestigen. Gut anschmieren.

Den Schwanz nicht vergessen!

So machst du die Fingertiere:

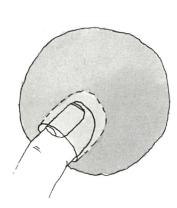

1. Bohre mit dem Finger ein Loch in die Tonkugel.

2. Forme ein Gesicht. Nase, Ohren, Haare oder Hut formst du extra und drückst sie gut an.

3. Laß alles gut trocknen. Zum Schluß die Tiere bunt anmalen und lackieren.

Der feuerspeiende Vulkan

1. Lege über eine umgedrehte Schüssel eine Plastikfolie.

2. Drücke viele kleine Tonklumpen auf die Schüssel.

3. Laß oben eine Öffnung frei, das ist der Krater.

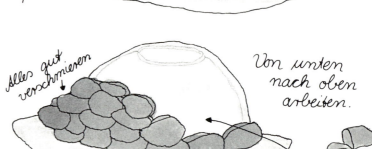

4. Forme auch einen richtigen Kraterrand.

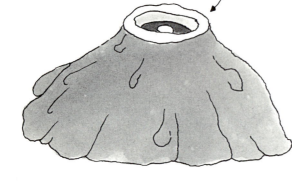

5. Nimm die Schüssel heraus, laß den Vulkan trocknen und gib die Form zum Brennen.

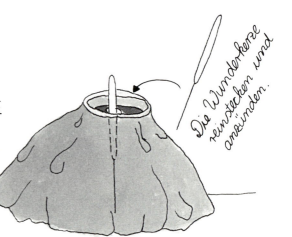

6. <u>Und so speit der Vulkan Feuer:</u> Setze den Vulkan im Freien auf Steinboden. Stecke eine Wunderkerze in den Krater des Vulkans. Zünde die Wunderkerze an.
Das spannende Schauspiel beginnt!

☆ Natürlich wohnt der Feuerdrache beim Vulkan. Dieses Ungeheuer wird so gebaut, wie die Spritztiere. Nur das Maul wird so gebaut.

Schneckentempo

1. Forme einen Schneckenkörper.

2. Rolle eine Tonrolle zu einer Schnecke auf.

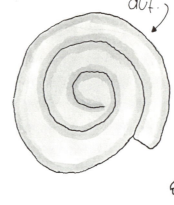

3. Drücke sie zu einem Häuschen hoch. Fülle es mit Ton aus.

4. Setze das Schneckenhaus auf den Schneckenkörper.

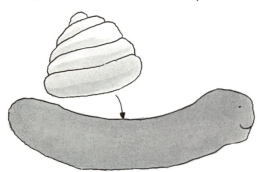

5. Mache ein zweites, größeres Schneckenhaus, das innen hohl bleibt. Verstreiche die Innenseite gut. Dieses Schneckenhaus soll über das kleinere passen.

★ Der Würfel

Forme einen kleinen Tonwürfel. Ritze je zweimal diese Zeichen ein.

Sie bedeuten:

 = ein Feld weiterziehen

= stehenbleiben

○ = ein Feld zurückrutschen

★ gewürfelt wird der Reihe nach

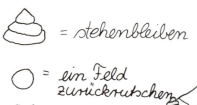

6. ☆ Spielregel ☆

Das Spielfeld malst du auf Papier. Sobald eine Schnecke das Ziel erreicht hat, darf sie das größere Schneckenhaus aufsetzen.

Mit Kreide kannst du auch auf dem Plattenweg ein Spielfeld zeichnen.

Puppenherd

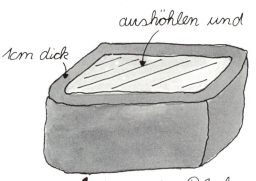

1. Höhle einen 7cm dicken Tonblock aus.

2. Drehe deinen Herd um und ritze mit einem Holzstäbchen die Tür, das Kochfeld, eine Warmhalteplatte und ein Backsteinmuster ein.

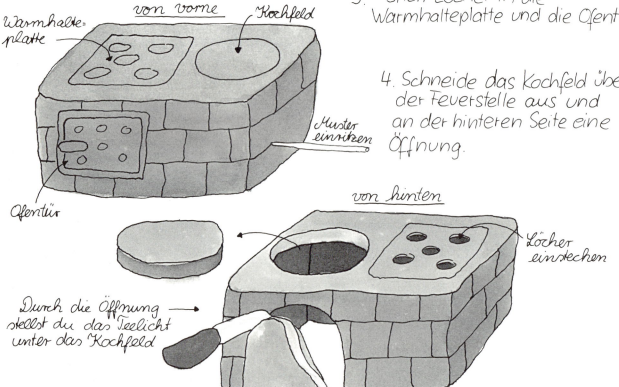

3. Stich Löcher in die Warmhalteplatte und die Ofentür.

4. Schneide das Kochfeld über der Feuerstelle aus und an der hinteren Seite eine Öffnung.

5. Den Herd gut trocknen lassen und dann zum Brennen geben.

★ Als „Herdfeuer" kannst du ein Teelicht in den Herd stellen. ★

Hast du Lust, auch dein Kochgeschirr aus Ton selbst zu machen?

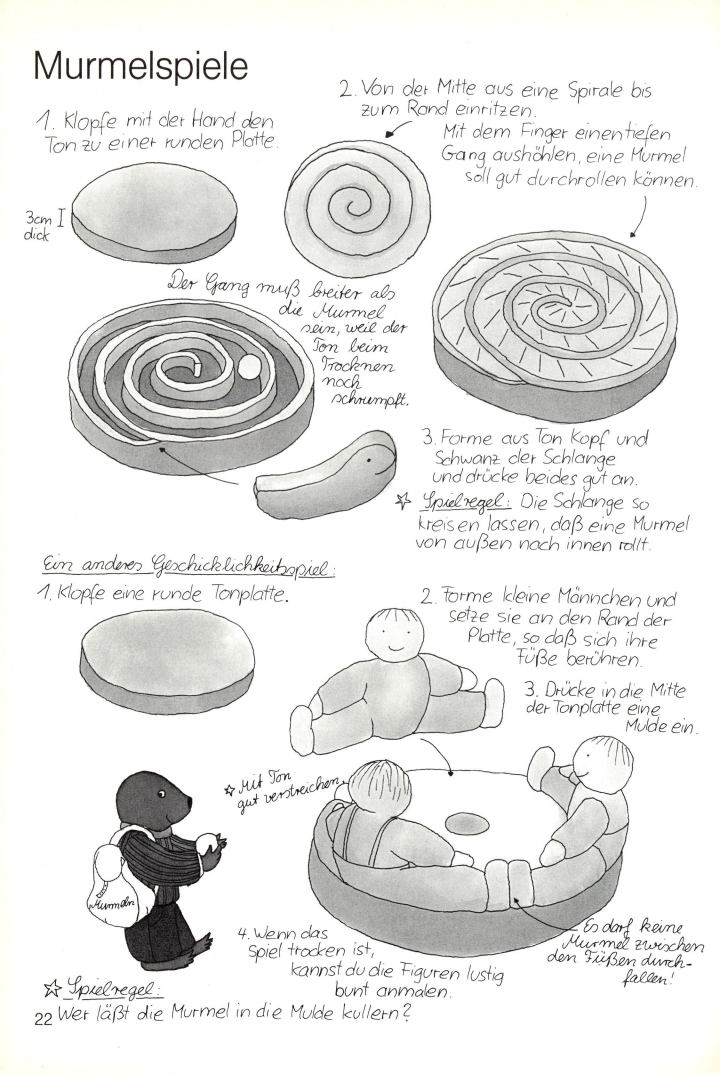

Pusterohre

1. Bohre einen dicken Filzschreiber durch eine Tonkugel.

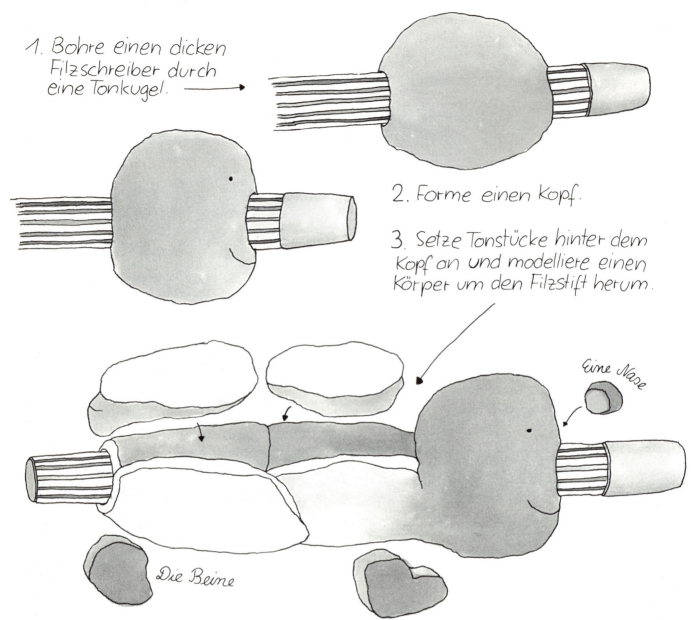

2. Forme einen Kopf.

3. Setze Tonstücke hinter dem Kopf an und modelliere einen Körper um den Filzstift herum.

Eine Nase

Die Beine

4. Verschmiere den Ton zwischen Kopf und Körper gut, ebenso die angesetzten Arme, Beine und die Nase.

5. Ziehe den Filzschreiber wieder heraus. Drehe ihn dabei ein wenig, dann geht es besser.

6. Lasse das Pustetier gut trocknen und dann brennen. Willst du es auch anmalen?

★ <u>So geht das Pustespiel</u> ★☆
Knülle aus Papier kleine feste Kügelchen und puste sie durch die Tonröhre. Wer pustet am weitesten?

24

Dreh mich

1. Forme eine Kugel, so groß wie ein Tennisball.

2. Bohre mit dem Finger ein tiefes Loch.

3. Nimm ein etwa 50 cm langes Gummiband und stecke es in das Loch.

So zusammenlegen

4. Verschließe die Öffnung mit Ton. Drücke dabei den Ton ganz fest in das Loch, so daß nur noch die beiden Teile des Gummibandes herausschauen.

5. Die Figuren werden aus zwei Tonkugeln gemacht.

Die Tänzerin hält die Arme hoch

Das Schweinchen hat die Arme dicht am Körper

sehr gut verschmieren

Und hüpfen können sie auch!

6. Wenn die Figuren trocken sind, kannst du sie anmalen.

☆ Zwirbel die Figuren am Gummiband auf und laß sie dann los. Du wirst staunen, wie lang sie sich drehen!

Kalender

1. Schneide dir eine dicke Scheibe vom Tonblock ab.

2. Rolle mit einem Nudelholz den Ton aus, bis du eine große Tonplatte hast. Sie soll etwa 2 cm dick sein.
☆ Das geht auch gut mit einer Flasche.

3. Ritze mit einem Holzstäbchen die Kalenderzahlen ein, so wie du sie gestalten möchtest (oder wie auf dem Foto).

4. Mit einem Ästchen stichst du etwas größere Löcher durch die Tonplatte. Ästchen sind dann die Stecker für deinen Kalender.

Der Kalender ist schwer, da brauche ich einen dicken Nagel!

5. Forme den Außenrand und bohre oben zwei Löcher zum Aufhängen.
☆ Schau nach, ob alle Löcher richtig durchgestochen sind.

Unter der Plastikfolie 2 Wochen trocknen lassen.

6. Zum Trocknen decke den Kalender locker mit Plastikfolie ab. Danach gibst du ihn zum Brennen.

Zirkus

1. Forme aus einer dicken Tonrolle den Clown.

Ton spitz zusammendrücken.
Ein Gesicht einritzen.

2. Drücke eine Tonrolle in der Mitte flach zusammen. Stelle den Clown darauf.

Ringsum gut anschmieren!

3. Biege die überstehenden Enden der Tonrolle zum Körper hoch, so daß sie wie Arme aussehen.

4. Die Figur hin- und herwiegen, bis sie gut schaukelt.

Kreisel

Forme aus einer Kugel einen spitzen Kegel. Den Stiel nicht vergessen.

  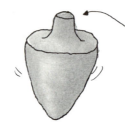

Hier schnell drehen!
Vor dem Spielen trocknen lassen.

Kopfstand

1. Forme einen flachen Block. Oben und unten einschneiden und auseinanderbiegen.

2. Eine kleine Tonkugel als Kopf andrücken.

So macht der Clown seinen Kopfstand: Drücke ihn mit Arm und Kopf auf eine Fläche, so daß er allein steht.

☆ Mal den Clown lustig bunt an!

1cm

Pferd und Wagen

1. Biege eine dicke Tonrolle an beiden Seiten nach unten.
2. Setze ein Stück Ton an und mach daraus den Pferdekopf.

Den Kopf andrücken und gut verschmieren

3. Forme das Pferd.

Laß die Vorder- und Hinterbeine zusammen!

4. <u>So baust du den Wagen:</u>
Einen Tonblock aushöhlen, als Radachsen zwei Holzspieße durch den Boden des Wagens stechen. Bohre vorne in den Wagen ein Loch, durch das du eine Schnur ziehst.

5. Aus einer Tonrolle machst du die Wagenräder.

Ein Loch bohren

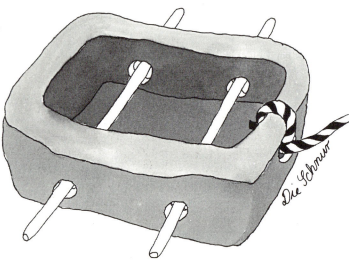

Die Schnur

6. Laß die Räder erst trocknen, bevor du sie an den Wagen montierst. Sie werden mit Korkenscheiben befestigt.

Die Korken vor die Räder stecken.

☆ Alles gut trocknen lassen.

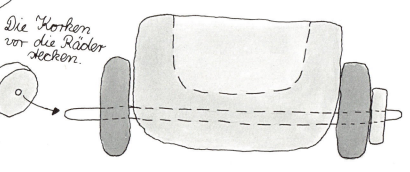

Kressefeld

Wackelenten

1. Biege die beiden Enden einer dicken Tonrolle nach oben.

2. Höhle den Körper aus, indem du den Ton von der Mitte aus nach beiden Seiten hin drückst.

3. Jetzt kannst du den Kopf und den Schwanz formen.

plattdrücken

Der Schnabel

4. Damit die Ente richtig wackelt, wiege den Körper auf einer glatten Fläche so lange hin und her, bis die Figur von alleine schaukeln kann.

5. Die Ente gut trocknen lassen, bunt anmalen und lackieren.

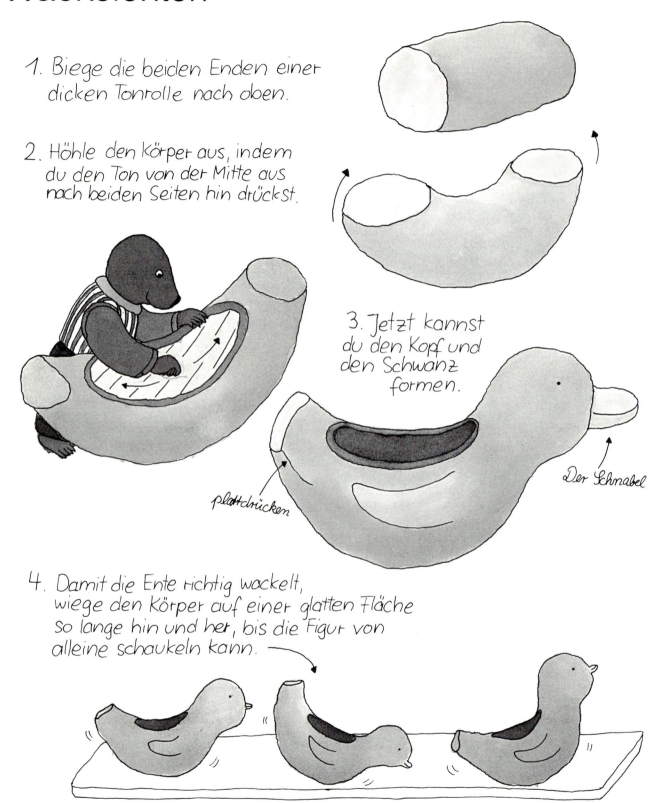

Wasserburg

1. Schneide ein großes Stück vom Tonblock ab.

15 cm hoch

2. Klopfe diesen Klumpen mit der Faust breit und rund wie eine flache Schüssel.

ungefähr 8 cm hoch

3. Höhle den Block aus, der Rand soll etwa 2 cm dick sein.

4. Schiebe ein Papierknäuel unter den Boden. Ein kleiner Berg ensteht.

Papierknäuel

5. Forme eine kleine Burg und setze sie auf den Berg. Baue auf einer Seite eine Brücke an.

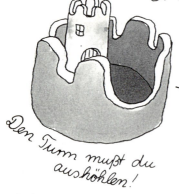

Den Turm mußt du aushöhlen!

...und die Burgfahne basteln!

6. Die Wasserburg muß gut trocknen, bevor sie gebrannt wird.

☆ In der Zwischenzeit kannst du noch kleine Burgbewohner machen und Schiffchen für sie basteln.

Ein Burgbewohner

Ein Borkenschiff

Nußschiffchen sind auch ganz leicht

Rassel und Klangschiff

Die Rassel

1. Drücke rund um ein Papierknäuel Tonklumpen an. Lasse eine Öffnung frei.

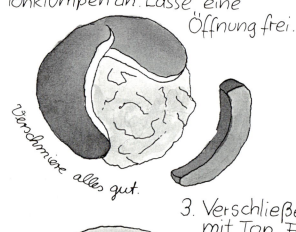

Verschmiere alles gut.

2. Ziehe durch die Öffnung das Papier wieder heraus und fülle kleine Tonkügelchen ein.

Tonkügelchen

3. Verschließe das Loch mit Ton. Forme einen Griff und setze ihn an.

4. Stich kleine Löcher in die Rassel. Gut trocknen lassen.

Mal die Rassel bunt an!

Das Klangschiff

1. Forme den Klangkörper und höhle ihn aus.

2. Stich Löcher in die Seiten ein.

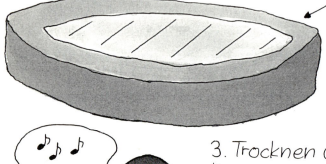
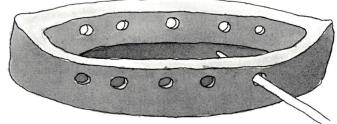

3. Trocknen und brennen lassen.
4. Male dein Instrument bunt an.

5. Zuletzt ziehst du ein Gummiband durch die Löcher kreuz und quer. Wenn du dann zupfst, erklingen die Töne.

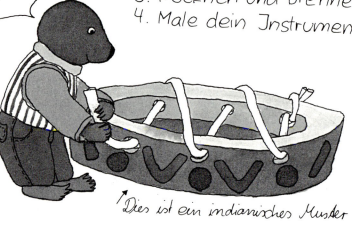

Dies ist ein indianisches Muster

40

Im Wikingerdorf

1. <u>So machst du die Wikinger:</u> Aus einer Kugel formst du einen spitzen Kegel.

2. Mit etwas Ton formst du die Haare und klebst sie mit Tonschlamm auf den Kopf. Das Gesicht wird mit einem Holzstäbchen eingeritzt.

Das sind Wiki und Wuk!

Haare

3. Wenn die Figuren getrocknet sind, kannst du ihnen Kleider aufmalen.

4. <u>Die Mühle</u> wird aus einer Kugel gebaut, wie es bei den Duftkugeln beschrieben ist. Fenster und eine Tür schneidest du mit dem Messer aus.

Das Dach

<u>Das Dach</u> formst du aus einer dünnen Tonplatte und klebst es mit Tonschlamm auf das Haus.

☆ Stecke ein Holzstäbchen in die Seite der Mühle (für das Mühlrad). Laß alles gut trocknen.

Das Mühlrad

5. <u>Das Mühlrad</u> wird extra geformt. Bohre dann ein Loch in die Mitte und laß den Ton trocknen. Dann wird das Mühlrad auf das Holzstäbchen geschoben. Jetzt kann es sich richtig drehen!

☆☆ Natürlich brauchen die Wikinger auch viele Tiere! Damit die Männchen richtig reiten können, drücke in den Rücken der Tiere eine Mulde, so daß die Tonfigur reinpaßt.

Ein Reiter

Kartoffelofen

1. Forme einen dicken Tonblock.

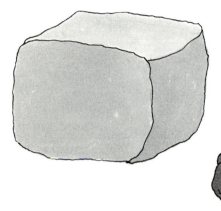

2. Höhle die Feuerstelle von vorne aus. Damit die Bodenplatte größer wird, schiebe den Ton dabei nach vorne.

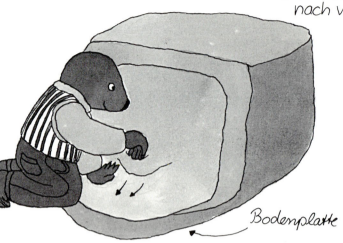

Bodenplatte

3. Forme einen Rand auf der Bodenplatte. In die drei Seiten bohrst du dicht über dem Boden mit dem Finger jeweils ein Luftloch.

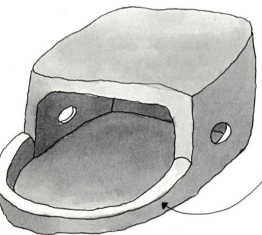

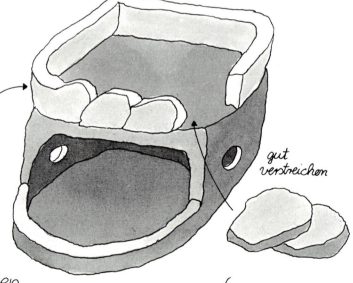

gut verstreichen

4. Setze um die Herdplatte einen Rand aus Tonstückchen. Die Herdplatte muß schön glatt sein.

5. Erst wenn der Ton ganz trocken ist, den Herd brennen lassen.

6. Feuern kannst du mit Holzstückchen und Holzkohle.

☆ *Kochtip* ☆

Schneide die Kartoffeln in Scheiben, bestreiche sie mit Öl und lege sie nebeneinander auf die Herdplatte.

Elefanten

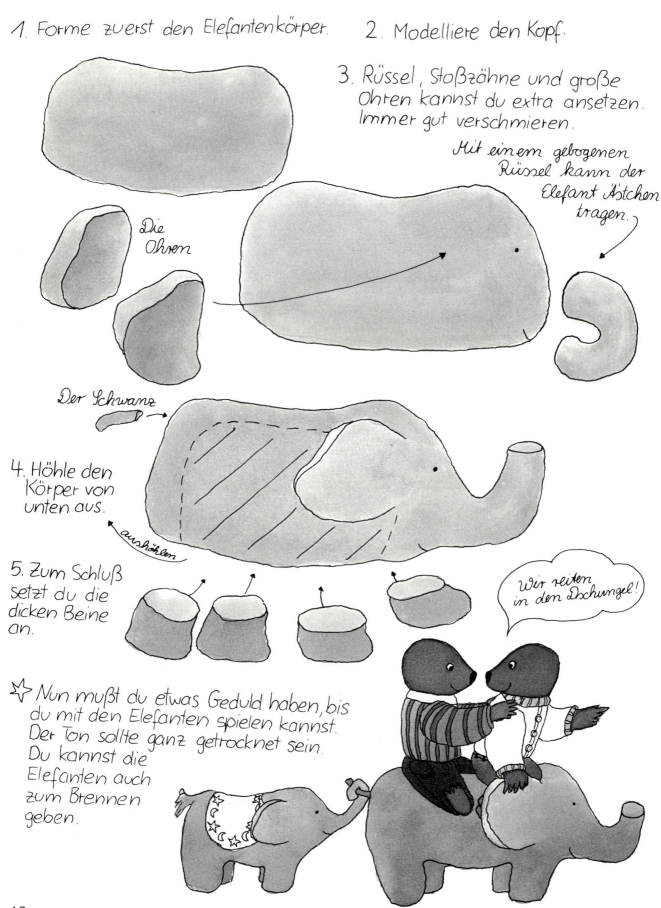

1. Forme zuerst den Elefantenkörper.
2. Modelliere den Kopf.
3. Rüssel, Stoßzähne und große Ohren kannst du extra ansetzen. Immer gut verschmieren.

Mit einem gebogenen Rüssel kann der Elefant Ästchen tragen.

Die Ohren

Der Schwanz

4. Höhle den Körper von unten aus.
5. Zum Schluß setzt du die dicken Beine an.

Wir reiten in den Dschungel!

☆ Nun mußt du etwas Geduld haben, bis du mit den Elefanten spielen kannst. Der Ton sollte ganz getrocknet sein. Du kannst die Elefanten auch zum Brennen geben.

Auf und unter der Erde

1. Forme eine dicke Tonplatte und bohre zwei Löcher zum Aufhängen.

2. Grabe Gänge und Höhlen für deine Erdbewohner.

3. Forme Regenwürmer, Mäuschen und Schnecken aus Ton.

4. Was wächst unter der Erde? Forme dein Gemüse und setze es in die Erde, die Blätter ragen über den Erdboden heraus.

Alles gut trocknen lassen und zum Brennen geben.

☆ Da ist was los: ☆
Die Mäuschen schlüpfen in ihre Höhle, der Regenwurm schaut nach dem Regen, die Schnecke frißt an den Rübenblättern, gleich wird der Wurm bei den Mäusen vorbeischauen......

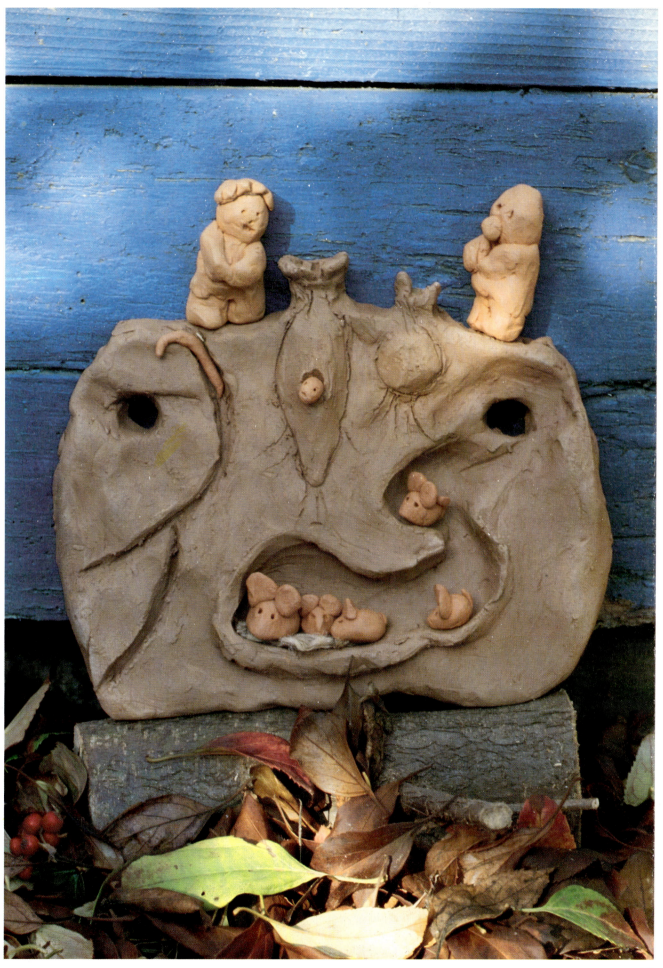

Duftkugel

1. Knülle Zeitungspapier locker zu einem Knäuel zusammen.

2. Nimm ein Stückchen Ton, drücke es auf dem Tisch flach und lege es um das Papierknäuel, bis das Knäuel ganz umhüllt ist.

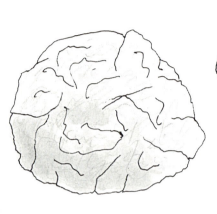

Verschmiere alle Übergänge gut.

3. Laß die Tonkugel etwas antrocknen.

4. Dann bohre auf einer Seite zwei Löcher, hier wird später ein Band zum Aufhängen durchgezogen. Stich mit einem Holzstäbchen weitere Luftlöcher in den oberen Teil der Kugel.

Ein Band zum Aufhängen

7. Schneide in die Unterseite eine Öffnung ein und ziehe das Papier wieder heraus.

6. Ritze oder drücke Muster in den Ton.

7. Wenn die Kugel ganz trocken ist, male sie mit Wasserfarben an und lackiere sie.

8. Was riechst du besonders gern? Gewürznelken oder Rosenblätter? Fülle sie in deine Duftkugel hinein.

✻ Verschließe die Öffnung gut mit Klebeband.

Kleiner Garten

1. Für den Garten brauchst du einen großen Tonklumpen.

2. Höhle verschieden große Gruben aus. Alle Wände und der Boden sollen höchstens 2 cm dick sein.

Vielleicht so

3. Jetzt mußt du ein wenig Geduld haben: Der Garten soll zwei Wochen trocknen, dann gibst du ihn zum Brennen.

4. <u>Doch dann kannst du den Garten bepflanzen.</u> Teile deinen Garten in Wassergräben und Wiesen ein. Schön sieht es aus, wenn du ein Stück echte Wiese mit kleinen Wiesenblumen einpflanzt.

Ich fülle das Wasser ein!

Spritztiere

1. Drücke zerknülltes Zeitungspapier in eine längliche Form.

2. Klopfe mehrere Tonstückchen flach aus. Umhülle damit das Papier. Verschmiere die Übergänge gut.

gut verschmieren

3. Was für ein Spritztier willst du machen? Vielleicht einen Fisch oder einen Drachen? Forme einen Kopf und ein Maul, stich oben in das Maul ein Loch, da soll später das Wasser herausspritzen. Modelliere an der hinteren Seite ein Pusterohr wie bei den Pustetieren.

Das Loch muß von oben bis in den Innenraum führen.

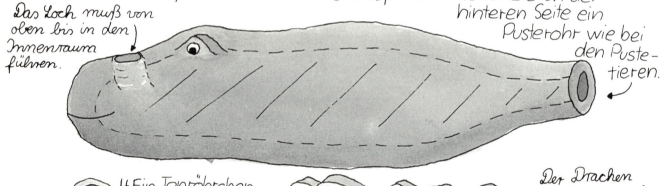

4. Ein Tonröhrchen auf das Loch setzen.

Der Drachen braucht auch Flügel.

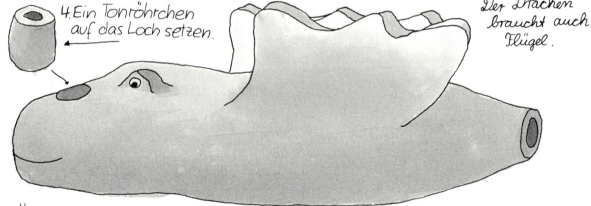

5. Laß alles gut trocknen und dann im Töpferofen brennen. Dabei verbrennt auch das Zeitungspapier.

6. Zuerst das Spritzloch zuhalten, dann von hinten Wasser einfüllen.
✻ Kräftig hineinpusten!

Murmelliesel

1. Drücke eine dicke Tonrolle senkrecht auf den Tisch, so daß die Form einen guten Stand bekommt.

2. Forme eine Kegelfigur. Stich mit einer Stricknadel von unten her mehrmals ein, dann kann beim Trocknen hier die Luft entweichen.

3. Modelliere Gesicht, Hals und Haare.

4. Nimm eine Tonrolle und wickle sie um den Körper. Das wird die Murmelbahn. Gut andrücken und verstreichen

5. Drücke mit dem Finger die Rollbahn ein. Die Bahn muß glatt sein und breit genug für die Murmeln.

6. Der Rand der Murmelbahn muß etwas nach oben gezogen werden, damit die Kugel nicht aus der Bahn fällt.

Laß die Murmelliesel trocknen, dann kannst du sie bunt anmalen und lackieren.

8. So machst du die Spielplatte: Drücke in eine Tonplatte mit einer Murmel mehrere Mulden ein. Wenn sie trocken ist, male Zahlen in die Spielfelder.

So!

★ Spielregel ★

Jeder Spieler hat fünf Murmeln. Der Reihe nach läßt jeder eine Kugel ins Spielfeld rollen (vom Kopf der Murmelliesel aus). Am Schluß werden die Zahlen der besetzten Felder zusammengezählt.
☆ Wer hat die meisten Punkte?

59

Würstchengrill

1. Aus einer Tonplatte schneidest du einen runden Teller aus.

1 cm dick
und 15 cm im Durchmesser

Die Tonstützen

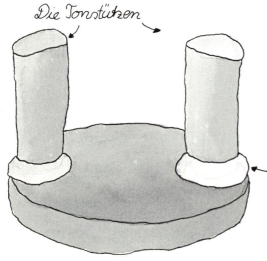

2. Befestige zwei dicke Tonrollen darauf. Damit sie gut halten, mußt du um den Fuß dieser Stützen eine kleine Tonrolle andrücken und gut verschmieren.

3. Forme zwei Astgabeln, in die du später den Grillspieß legen kannst.

4. Am Rand der Grillplatte rundum kleine Tonklumpen andrücken. Gut verschmieren.

★ _So ist die Feuerstelle gut geschützt, nichts kann mehr heraus-fallen._ ★★

5. Wenn du in die Stützen Rillen kratzt, sehen sie wie Baumstämme aus.

Maiskolben mag ich.

Ein Baummuster

6. Jetzt muß der Grill trocknen, und dann wird er gebrannt.

Ein Gemüsespieß schmeckt auch toll!

Zum Grillen spießt du kleine Würstchen auf einen Metallspieß. Bei diesem Grill kannst du Holzkohle verwenden.

Bärenhöhle

1. Klopfe einen großen Tonklumpen so zurecht, bis er die Form hat, die deine Höhle haben soll.

2. Die Form aushöhlen. Wenn du zuviel Ton weggenommen hast, kannst du einfach an der Stelle wieder neuen Ton anschmieren.

Wände etwa 1cm dick

3. Der Schornstein wird aufgesetzt und verschmiert.

4. Fenster und Türen schneidest du einfach aus.

Stroh und Moos hole ich auch noch

Höhlentiere aus Ton!

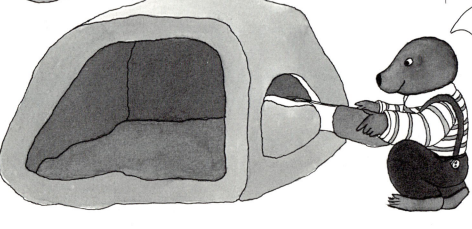

Wer wird in deiner Höhle wohnen?
☆ Zwerge, Höhlenmenschen oder kleine Bären?

1. Forme einen Körper. Kopf, Nase, Arme, Beine und Füße werden einzeln geformt und an den Körper angesetzt.

☆ Gut andrücken und verschmieren.

2. Gesicht und Haare ritzt du mit einem Holzstäbchen ein.

Alles gut trocknen lassen!

Verschmiere alle Teile gut.

Wenn Du andere tolle Ideen suchst, dann schau doch mal in diese Bücher:

Elisabeth Daldrup
Ravensburger Backbuch für Kinder
26 kinderleichte Rezepte – Kuchen, Kekse, Knabbereien – für viele Anlässe wie Kindergeburtstage, oder als leckeres Mitbringsel für Freunde.
ISBN 3-473-**37467**-9

Tilman und Ute Michalski
Wie der Wind geschwind...
Mit Spielsachen, die sich im Wind drehen, die flattern und fliegen oder in den Wellen schaukeln.
ISBN 3-473-**37484**-9

Sabine Lohf
Das hab ich selbst gemacht
Handfeste Spielsachen zum Nachbauen: Das kopfhohe Zeitungsrollen-Blockhaus und vieles mehr.
ISBN 3-473-**37426**-1

Erika Markmann/Gisela Könemund
Gartenbuch für Kinder
Kinder lernen den Umgang mit Topfpflanzen aller Art. Anpflanzen, umtopfen, düngen – so macht's Spaß.
ISBN 3-473-**37456**-3

Gisela Walter (Hrsg.)
Heute ist Laternenfest
Ein Buch rund um das Laternenfest mit 12 neuen Liedern und 20 neuen Laternen, vielen Geschichten und alten Bräuchen.
ISBN 3-473-**37469**-5
Dazu gibt es Ton-Kassetten bei Verlag „pläne" GmbH Balkenstr. 17–19, 4600 Dortmund 1.

Jule Ehlers-Juhle/Hermann Krekeler/Anne Wendt
Bei den Zwergen
Ein Spiel- und Bastelbuch
Basteln, spielen, kochen, tanzen und singen wie die Zwerge. In diesem Buch gibt es dafür die tollsten Ideen.
ISBN 3-473-**37458**-X